МИТРОПОЛИТ КАЛЛИСТ (УЭР)

# СВЯЩЕННОЕ ПРЕДАНИЕ:
## ИСТОЧНИК ПРАВОСЛАВНОЙ ВЕРЫ

ORTHODOX LOGOS PUBLISHING

# СВЯЩЕННОЕ ПРЕДАНИЕ: ИСТОЧНИК ПРАВОСЛАВНОЙ ВЕРЫ*

*митрополит Каллист (Уэр)*

Икона на обложке книги:
« й», *Неизвестный автор*

\* Цитируется по изданию Православная *Церковь*. Епископ Диоклийский *Каллист (Уэр)*. Библейско-Богословский институт св. Апостола Андрея. М., 2001. Стр. 203–215.

© 2024, Orthodox Logos Publishing, The Netherlands

www.orthodoxlogos.com

ISBN: 978-1-80484-148-8

This book is in copyright. No part of this publication may be reproduced, stored in a retrieval system or transmitted in any form or by any means without the prior permission in writing of the publisher, nor be otherwise circulated in any form of binding or cover other than that in which it is published without a similar condition, including this condition, being imposed on the subsequent purchaser.

МИТРОПОЛИТ КАЛЛИСТ (УЭР)

# СВЯЩЕННОЕ ПРЕДАНИЕ:
## ИСТОЧНИК ПРАВОСЛАВНОЙ ВЕРЫ

ORTHODOX LOGOS PUBLISHING

*«В начале было Слово, и Слово было у Бога, и Слово было Бог. И Слово стало плотью и обитало среди нас, и мы увидели славу Его, славу как Единородного от Отца, полного благодати и истины. Бога никто не видел никогда: Единородный Сын, сущий в лоне Отца, Он открыл.»*
Ин. 1:1, 14, 18

*Храни преданное тебе.* 1Тим. 6:20

*Предание есть жизнь Святого Духа в Церкви.*
Владимир Лосский

# СОДЕРЖАНИЕ

Внутренний смысл предания . . . . . . . . 7
Внешние формы . . . . . . . . . . . . . . . 13
1. Библия . . . . . . . . . . . . . . . . . . . 14
2. Семь вселенских соборов: Символ веры . . . . . . . 17
3. Позднейшие соборы . . . . . . . . . . . 18
4. Святые отцы . . . . . . . . . . . . . . . 20
5. Литургия . . . . . . . . . . . . . . . . . 22
6. Каноны . . . . . . . . . . . . . . . . . . 24
7. Иконы . . . . . . . . . . . . . . . . . . . 26
Примечания . . . . . . . . . . . . . . . . . 28

Биография: Митрополит Каллист (Уэр) . . . . . . . 29

# ВНУТРЕННИЙ СМЫСЛ ПРЕДАНИЯ

С внешней стороны православная история отмечена рядом внезапных разрывов: захват Иерусалима, Александрии, Антиохии арабо-мусульманами, сожжение Киева монголами, два разграбления Константинополя, октябрьская революция в России. Но эти события, преобразовавшие внешний облик православного мира, никогда не прерывали внутренней преемственности Православной церкви. Первое, что обычно поражает далекого от православия человека, – это его дух древности, его кажущаяся неизменность. Православные все еще совершают крещение через троекратное погружение, как в первоначальной церкви; все еще приносят младенцев и приводят маленьких детей для получения святого причастия; во время литургии диакон все еще возглашает: «Двери! Двери!» в памятование тех дней, когда вход в *церковь* тщательно охранялся, и только члены христианской семьи могли присутствовать на семейной службе; *Символ веры* все еще произносится без каких-либо добавлений.

Это лишь несколько примеров того духа, которым пронизан любой аспект православной жизни. Когда на проходящих в наше время межцерковных форумах православных просят кратко определить, в чем заключаются отличительные черты их церкви, они часто указывают именно на ее неизменность, ее решимость сохранять верность прошлому, ее чувство живой преемственности церковью древних времен. В начале XVIII в. восточные патриархи то же самое сказали «неприсягнувшим» в выражениях, напоминающих язык Вселенских соборов:

Мы сохраняем учение Господа в целостности и твердо привержены вере, которую Он дал нам, и бережем ее от повреждения и умаления как царское сокровище и памятование о великой благодати, ничего не прибавляя и ничего не отнимая от нее.

Эта идея живого преемства суммируется для православных в слове Предание. «Мы не изменяем вечных границ, установленных отцами, – пишет *Иоанн Дамаскин*, – а храним Предание таким, каким получили его».

Православные всегда говорят о предании. Но что они подразумевают под этим словом? Предание в обиходном языке означает мнения, верования или обычаи, унаследованные потомками от предков. В этом смысле христианское предание – это вера и практика, которые были переняты апостолами от Иисуса Христа и с апостольских времен передавались в церкви от поколения к поколению. Но для православных христиан предание означает нечто более конкретное и специфичное: книги Библии, *символ веры*, постановления Вселенских соборов и писания св. отцов, каноны, богослужебные книги, святые иконы. Иначе говоря, это вся система вероучения, церковного управления, культа, духовности и искусства, выработанная православием на протяжении веков. Сегодняшние христиане считают себя наследниками и хранителями богатств прошлого, они видят свой долг в том, чтобы передать это наследие будущим поколениям в целости и сохранности.

Заметим, что Библия составляет часть предания. Иногда предание определяют как устное учение Христа, не запечатленное в письменном виде Его непосредственными учениками. Не только неправославные, но и многие православные авторы усвоили себе такую манеру говорить о Писании и предании, трактуя их как две разные вещи, два разных источника христианской веры. Но в действительности есть только один источник, ибо Писание существует внутри предания. Разделять и противопоставлять их – значит обеднять и то, и другое.

Принимая свое наследие от прошлого, православные в то же время сознают, что не все унаследованное от прошлого равноценно. Среди многообразных элементов предания доминирующее положение занимают Библия, *символ веры* и вероучительные определения Вселенских соборов: их православные воспринимают как нечто абсолютное и неизменное, что не может быть отменено или пересмотрено. Остальная часть предания не обладает равной авторитетностью. Постановления соборов в Яссах или в Иерусалиме уступают в этом смысле Никейскому символу, а сочинения, скажем, Афанасия или *Симеона Нового Богослова* – Евангелию св. Иоанна.

Не все воспринятое из прошлого равноценно, и не все непременно истинно. Как заметил один из епископов на Карфагенском соборе 257 г., «Господь сказал: Я есмь истина. Он не сказал: Я есмь обычай»[1]. Есть разница между преданием и традициями: многие унаследованные от прошлого традиции имеют человеческую и случайную природу. Это благочестивые (или неблагочестивые) мнения, но не истинная часть предания – основания христианской вести.

Это чрезвычайно важно для нашего подхода к прошлому. В византийские и послевизантийские времена православные часто занимали некритическую позицию по отношению к прошлому, и это приводило к застою. Сегодня такая некритическая позиция более не приемлема. Более высокие образовательные стандарты, оживление контактов с западными христианами, нападки секуляризма и атеизма вынудили православие XX в. более внимательно вглядеться в собственное наследие и более тщательно провести различение между преданием и традициями. Задача различения никогда не бывает легкой. Необходимо в равной мере избежать заблуждений как староверов, так и «Живой церкви»: первые впадают в крайний консерватизм, не допускающий ни малейших изменений в традициях, вторая вовлекается в духовные компромиссы, подрывающие предание. Но несмотря на некоторые очевидные помехи, сегодняшние православные находятся, пожалуй, в более выгодном положении для такого различения, чем их предшественники в течение многих столетий. Часто именно контакты с Западом помогают им все яснее понимать, что же является необходимым в их собственном наследии.

Истинная православная верность прошлому всегда должна быть творческой верностью. Истинное православие никогда не может довольствоваться бесплодным «богословием повторения», которое твердит, словно попугай, вызубренные формулы, даже не пытаясь понять, что же за ними стоит. Верность преданию, правильно понятая, – не механический, пассивный и автоматический процесс передачи некоей мудрости, заимствованной из отдаленного прошлого. Православный мыслитель должен видеть предание изнутри, должен проникнуть в его внутренний дух, вновь пережить его смысл таким образом, чтобы это переживание стало открытием, исполненным отваги и творческого воображения. Чтобы жить внутри предания, недостаточно интеллектуального признания вероучительной системы: ведь предание есть нечто гораздо большее, чем просто набор абстрактных положений. Это жизнь, личная встреча со Христом в Духе Святом. Предание не просто сохраняется Церковью – оно живет в Церкви, оно есть жизнь Святого Духа в Церкви. Православное понимание предания не статично, но динамично: это не бесплодное принятие прошлого, но живое открытие Святого Духа в настоящем. Будучи внутренне неизменным (ведь Бог не меняется!), предание непрестанно принимает новые внешние формы, которые дополняют старые, не уничтожая их. Православные часто говорят так, словно период доктринальных формулировок закончился. Но ведь это не так! Возможно, в наши дни соберется новый Вселенский собор, и предание обогатится новыми формулами веры.

Такое представление о предании как о чем-то живом хорошо выразил *Георгий Флоровский*:

Предание есть свидетельство Духа, непрерывное откровение и проповедование Благой Вести Духом... Чтобы принять и понять Предание, мы должны жить внутри Церкви, должны сознавать благодатное присутствие в ней Господа... Предание – не только охранительное и защитительное начало, оно есть прежде всего начало роста и возрождения... Предание есть постоянная верность Духу, а не только памятование слов2.

Предание есть свидетельство Духа: «Когда же придет Он, Дух истины, то наставит вас на всякую истину» (*Ин 16:13*). Именно это божественное обетование составляет основу православной верности преданию.

# ВНЕШНИЕ ФОРМЫ

Рассмотрим по порядку те внешние формы, в которых выражается предание.

# 1. БИБЛИЯ

а) Библия и *Церковь*. Христианская Церковь есть Церковь Писания: православие верит в это так же твердо (если не тверже), как и протестантизм. Библия есть наивысшее выражение Божественного Откровения человеческому роду, и христиане всегда будут «народом Писания». Но если христиане – народ Писания, то Библия – это Писание народа: его нельзя рассматривать как нечто стоящее над Церковью, ибо оно живет и понимается внутри Церкви (вот почему не следует разделять Писание и Предание).

Именно от Церкви в конечном счете получает Библия свой авторитет, ибо именно *Церковь* изначально решала, какие книги принадлежат к Священному Писанию; и только *Церковь* вправе авторитетно толковать Священное Писание. В Библии много высказываний, которые сами по себе далеко не ясны, и если индивидуальный читатель, даже искренний, возьмет на себя смелость лично толковать их, он рискует впасть в заблуждение. «Разумеешь ли, что читаешь?» – спрашивает Филипп евнуха-эфиопа; и евнух отвечает: «Как могу разуметь, если кто не наставит меня?» (Деян 8сл). Когда православные читают Писание, они принимают наставление церкви. Когда новообращенный принимается в Православную Церковь, он обещает: «Принимаю и разумею Священное Писание согласно толкованию, какое давалось и дается

Святой Православной Соборной Церковью Востока, матерью нашей».

б) Текст Библии: библейская критика. Православная *Церковь* имеет тот же Новый Завет, что и весь остальной христианский мир. В качестве авторитетного ветхозаветного текста она пользуется древним греческим переводом, известным под именем Септуагинты. Когда он расходится с текстом еврейского оригинала (что случается достаточно часто), православные считают изменения в Септуагинте произведенными по вдохновению Святого Духа и принимают их как часть непрерывного божественного откровения. Наиболее известный случай – Исайя 7:14, где еврейский текст гласит: «Молодая женщина зачнет и родит сына», а Септуагинта переводит: «Се, Дева во чреве приимет...» Новый Завет следует тексту Септуагинты (*Мф 1:23*).

Еврейская версия Ветхого Завета состоит из 39 книг. Септуагинта содержит еще 10 книг, не представленных в еврейской Библии, которые известны в Православной церкви под именем «второканонических». Соборы в Яссах (1642) и в Иерусалиме (1672) провозгласили их «подлинными частями Писания»; однако большинство православных богословов наших дней, следуя мнению Афанасия и Иеронима, хотя и признают второканонические книги частями Библии, однако считают их рангом ниже, чем остальные книги Ветхого Завета.

Настоящему христианству нечего бояться добросовестного исследования. Хотя православие и считает *Церковь* авторитетной толковательницей Писания, оно не запрещает критических и исторических штудий Библии, хотя до сих пор православные исследователи не слишком преуспели в этой области.

в) Библия в богослужении. Иногда думают, будто в православии Библия занимает менее важное место, чем в западном христианстве. Но Священное Писание постоянно читается на православных богослужениях: во время утрени и вечерни вся Псалтирь прочитывается еженедельно, а во время Великого поста дважды за неделю; чтение Ветхого Завета совершается во время вечерни в канун многих праздников, а во время Великого поста также на шестом часе и вечерне по будням (но, к сожалению, ветхозаветные чтения не совершаются во время литургии). Чтение Евангелия составляет кульминацию утрени в воскресные дни и праздники; во время литургии читаются отрывки посланий и Евангелий, назначенные для каждого дня в году, так что весь Новый Завет (за исключением Откровения Иоанна Богослова) оказывается прочитанным за евхаристией. «Ныне отпущаеши» читается во время вечерни; ветхозаветные песнопения, вкупе с Песнью Богородицы (Magnificat) и Песнью Захарии (Benedictus), поют во время утрени; «Отче наш» звучит на каждом богослужении. Помимо этих особых отрывков из Писания, весь текст каждой службы выдержан на языке Библии: было подсчитано, что литургия содержит 98 цитат из Ветхого Завета и 114 – из Нового Завета.

Православие рассматривает Библию как словесную икону Христа. Седьмой вселенский собор постановил, что святые иконы и книга Евангелий должны почитаться равным образом. В каждом храме Евангелие занимает почетное место в алтаре; во время литургии, воскресной утрени и праздников его несут в процессии; верующий простирается перед ним ниц и целует его. Таково уважение, оказываемое в Православной церкви слову Божьему.

# 2. СЕМЬ ВСЕЛЕНСКИХ СОБОРОВ: СИМВОЛ ВЕРЫ

Вероучительные определения Вселенского собора непогрешимы. Так что в глазах православных положения веры, утвержденные семью Вселенскими соборами, обладают, наряду с Библией, обязательным и непререкаемым авторитетом.

Важнейшим из всех соборных определений является Никео-Константинопольский *символ веры*, который читается или поется на каждой евхаристии, а также ежедневно во время полунощницы и повечерия. Два других символа, принятых на Западе – Апостольский и Афанасиев символы, – не обладают равной авторитетностью с Никейским символом именно потому, что они не были провозглашены Вселенским собором. Православные почитают Апостольский символ как древнее утверждение веры и полностью принимают его учение, но он представляет собой лишь местный западный крещальный символ, никогда не употреблявшийся в богослужении восточных патриархатов. Равным образом и Афанасиев символ не используется в православном богослужении, но иногда печатается (без Filioque) в Часослове.

# 3. ПОЗДНЕЙШИЕ СОБОРЫ

Формулирование православного вероучения, как мы уже видели, не прекратилось с Седьмым вселенским собором. С 787 г. существовали два основных способа, какими *Церковь* выражала свою точку зрения: 1) определения поместных соборов (то есть соборов, объединяющих членов одного или более патриархатов или автокефальных церквей, но не претендующих представлять Православную соборную *Церковь* в целом) и 2) письма или определения веры, сформулированные отдельными епископами. Если вероучительные определения всеобщих соборов непогрешимы, то в определения поместных соборов или отдельных епископов всегда может вкрасться ошибка. Но когда такие определения принимаются всей Церковью, они приобретают вселенскую авторитетность (то есть всеобщий авторитет, присущий вероучительным положениям Вселенского собора). Доктринальные положения Вселенского собора нельзя пересматривать или вносить в них поправки: их нужно принимать целиком; но в своем подходе к актам поместных соборов Церковь часто проявляла избирательность. Например, в случае соборов XVII в. их вероучительные положения отчасти принимаются всей Православной Церковью, а отчасти отвергаются или уточняются.

Основные изложения православного учения после 787 г. суть следующие:

1. Окружное послание св. Фотия (867).

2. Первое послание Михаила Керулария Петру Антиохийскому (1054).

3. Решения Константинопольских соборов 1341 и 1351 гг. в связи с исихастским спором.

4. Окружное послание св. *Марка Эфесского* (1440–1441).

5. Исповедание веры Геннадия, патриарха Константинопольского (1455–1456).

6. Ответы Иеремии II лютеранам (1573–1581).

7. Исповедание веры митрополита Критопулоса (1625).

8. Православное исповедание *Петра Могилы* в его исправленной форме (утверждено собором в Яссах, 1642).

9. Исповедание Досифея (утверждено Иерусалимским собором).

10. Ответы православных патриархов неприсягнувшим (1718, 1723).

11. Ответ православных патриархов папе Пию IX (1848).

12. Ответ Константинопольского синода папе Льву XIII (1895).

13. Окружные послания Константинопольского патриархата по вопросу о христианском единстве и «экуменическом движении» (1920, 1952).

Эти документы, особенно 5–9, иногда называют «символическими книгами» Православной церкви; но многие православные ученые в наши дни считают такое название вводящим в заблуждение и не используют его.

# 4. СВЯТЫЕ ОТЦЫ

Определения соборов следует изучать в более широком контексте святоотеческих писаний. Но в отношении святых отцов, как и в отношении поместных соборов, суд церкви избирателен: отдельные авторы временами впадали в заблуждения или противоречили друг другу. Зерно патристики нужно отделять от ее же плевел. Православный христианин должен не просто знать и цитировать отцов, но глубоко проникнуться святоотеческим духом и усвоить себе святоотеческий «образ мыслей». Нужно видеть в святых отцах не реликты прошлого, а живых свидетелей и современников.

Православная *Церковь* никогда не пыталась точно определить статус святых отцов, и еще менее – классифицировать их по степени значимости. Но подчеркнутое уважение она питает к авторам IV в., особенно к тем, кого она именует «тремя святителями»: это *Василий Великий, Григорий Назианзин* (известный в православии как *Григорий Богослов*) и *Иоанн Златоуст*. С точки зрения православия, «век отцов» не завершился в V столетии: многие позднейшие писатели тоже признаются «отцами»: Максим, *Иоанн Дамаскин, Феодор Студит, Симеон Новый Богослов, Григорий Палама, Марк Эфесский*. По правде говоря, опасно видеть в «отцах» лишь замкнутый круг авторов, всецело принадлежащий прошлому. Разве наше время не может породить нового Василия или Афанасия? Утверждать, будто святых отцов более быть не может, – значит утверждать, что Святой Дух покинул *Церковь*.

# 5. ЛИТУРГИЯ

Православная *Церковь* не столь пристально занимается выработкой формальных догматических определений, как Римско-католическая *церковь*. Но было бы ошибочным прийти к выводу, что если то или иное убеждение веры никогда специально не провозглашалось в качестве догмата, то оно не составляет части православного предания, а остается частным мнением. Определенные вероучительные положения, никогда не выраженные формальным образом, тем не менее с безоговорочным единодушием принимаются церковью как безошибочное внутреннее убеждение, столь же обязывающее, что и прямо выраженная формула. «Одни вещи мы имеем от письменного учения, – говорит св. Василий, – а другие получили от апостольского Предания, переданного нам в таинстве; и те, и другие обладают равной силой в глазах благочестия»3.

Это внутреннее предание, «переданное нам в таинстве», сохраняется в первую очередь в церковном богослужении. Lex orandi lex credendï наша вера – в нашей молитве. Православие выработало немного прямых определений относительно евхаристии и других таинств, будущего мира, Богоматери и святых: наша вера в отношении этих вещей выражена главным образом в молитвах и гимнах, составляющих часть богослужения. Не только слова службы принадлежат преданию:

разнообразные жесты и действия – погружение в воду при крещении, разного рода помазания елеем, крестное знамение и т. д. – все они имеют особое значение, все выражают в символической или драматической форме истину веры.

# 6. КАНОНЫ

Помимо вероучительных определений. Вселенские соборы установили каноны относительно церковной организации и дисциплины; другие каноны были приняты поместными соборами или отдельными епископами. Федор Вальсамон, Зонара и другие византийские писатели составили сборники канонов с объяснениями и комментариями. Общепринятый греческий комментарий, Пидалион (греч. Руль), опубликованный в 1800 г., является плодом неустанных трудов св. *Никодима Святогорца*.

Церковное право Православной церкви очень мало изучалось на Западе, и в результате западные авторы порой впадают в заблуждение, полагая, что православие не знает внешних регулирующих норм. Это вовсе не так. В православной жизни есть много правил, часто весьма строгих и суровых. Однако нужно признать, что в наши дни многие каноны применить трудно или невозможно, и они давно вышли из употребления. Если когда и соберется новый общеправославный собор, одной из его главных задач станет пересмотр и прояснение канонического права.

Вероучительные определения соборов обладают абсолютным и неизменным авторитетом, на который не могут притязать каноны: ведь определения касаются вечных истин, а каноны – земной жизни церкви, условия которой постоянно меняются, и возникает бесчисленное множество особых ситуаций. Тем не менее между канонами и догматами церкви имеется существенная связь: церковное право есть не что иное, как попытка применить догмат к конкретным ситуациям, которые складываются в повседневной жизни каждого христианина. Таким образом, каноны составляют часть Священного предания.

# 7. ИКОНЫ

Предание церкви выражается не только посредством слов, не только посредством жестов и действий во время богослужения, но и посредством искусства – в цветах и линиях святых икон. Икона – не просто картина на религиозный сюжет, призванная пробуждать соответствующие эмоции у зрителя: это один из путей, какими Бог являет себя людям. Через иконы православный христианин обретает видение духовного мира. Так как иконы составляют часть предания, иконописцы не вправе вносить изменения или нововведения по собственной прихоти: ведь их работа призвана отразить не их собственные эстетические переживания, а мышление церкви. Художественное вдохновение не исключается, но оно направляется строго установленными правилами. Важно, чтобы иконописец был хорошим художником, но еще важнее, чтобы он был искренним христианином, живущим в духе предания и приготовляющимся к своему труду исповедью и святым причастием.

Таковы основные элементы, составляющие внешний облик предания Православной церкви: Писание, соборы, святые отцы, литургия, каноны, иконы. Их нельзя разделять или противопоставлять друг другу, ибо через них всех говорит один и тот же Святой Дух, и в совокупности они образуют единое целое, каждую часть которого следует понимать в свете всех остальных частей.

Иногда говорят, что подспудной причиной раскола Западной церкви в XVI в. был разрыв между богословием и мистицизмом, между литургией и личной набожностью, обнаружившийся в конце средневековья. Со своей стороны, православие всегда старалось избегать подобного разрыва. Всякое истинно православное богословие мистично: как мистицизм в отрыве от богословия становится субъективизмом и ересью, так и богословие в отрыве от мистицизма вырождается в сухую схоластику, «академичную» в дурном смысле слова.

Богословие, мистицизм, духовность, нравственные правила, богослужение, искусство: эти вещи нельзя мыслить раздельно. Вероучение не понять вне молитвы: как говорит Евагрий, богослов – это тот, кто знает, как молиться; и тот, кто молится в духе и истине, тем самым уже является богословом». Если же вероучение должно выразиться в молитве, его нужно пережить: богословие без действия, по словам св. Максима, есть богословие бесовское. *Символ веры* принадлежит лишь тем, кто живет им. Вера и любовь, богословие и жизнь неразделимы. В византийской литургии *символу веры* предпосылаются слова: «Возлюбим друг друга, чтобы единомысленно исповедовать Отца и Сына и Святого Духа, Троицу единосущную и нераздельную». Эти слова точно отражают православный подход к преданию. Если мы не любим друг друга, мы не можем по истине исповедовать веру и войти во внутренний дух предания. Ибо нет иного пути познать Бога, кроме как любить Его.

# ПРИМЕЧАНИЯ

1 The Opinions of the Bishops on the Baptizing of Heretics, 30.

2 «The Catholicity of the Church», in Bible, Church, Tradition, pp. 46–47. Ср. также очерк Флоровского «Saint Gregory Palamas and the Tradition of the Farthers» в том же сборнике, pp. 105–120; и V. Lossky, «Tradition and Traditions», in Ouspen.sky and Lossky, The Meaning of Icons, pp. 13–24. Всем этим трем статьям я многим обязан.

3 На Святого Духа, XXVII (66).

# МИТРОПОЛИТ КАЛЛИСТ (УЭР)

Епископ Диоклийский Каллист (в миру Тимоти Уэр) – известный современный православный богослов, иерарх Константинопольской Православной Церкви, духовный писатель и переводчик.

Он родился 11 сентября 1934 года в г. Бат, Великобритания, в англиканской семье. Получил образование в престижных учебных заведениях - Вестминстерской школе и Оксфордском университете, где изучал классическую филологию и богословие.

В 1958 году, после глубокого изучения Православия, он принял православную веру и был принят в Православную Церковь. В том же году он поступил в монастырь св. Иоанна Богослова на острове Патмос, Греция, где провел несколько месяцев, изучая греческий язык и православную духовность.

В 1966 году он был рукоположен в сан диакона, а затем пресвитера и служил в греческом приходе в Оксфорде. В 1982 году он принял монашеский постриг с именем Каллист в монастыре св. Иоанна Богослова на Патмосе.

В 1982 году он был хиротонисан во епископа Диоклийского, викария Фиатирской и Великобританской епархии Константинопольского Патриархата. С 2007 по 2017 год он также служил помощником епископа в Фиатирской и Великобританской архиепископии.

Епископ Каллист – автор многочисленных книг и статей по православному богословию, духовности и истории Церкви. Среди его наиболее известных работ - «Православная Церковь», «Православный путь», «Внутреннее Царство» и др. Он также перевел на английский язык многие важные православные тексты, в том числе «Добротолюбие» и труды св. Иоанна Златоуста.

В качестве профессора Оксфордского университета епископ Каллист преподавал православное богословие и греческий язык. Он является членом нескольких международных богословских комиссий и активно участвует в межхристианском диалоге.

Епископ Каллист (Уэр) – один из самых известных и уважаемых православных богословов нашего времени, внесший огромный вклад в распространение Православия на Западе и продвижение православной мысли в современном мире.

## *Православная библиотека – Orthodox Logos*

- *Песня церкви - Праведники наших дней* – Артём Перлик
- *Сказки* – Артём перлик
- *Следом за овцами - Отблески внутреннего царства* – Монахиня Патрикия
- *Откровенные рассказы странника духовному своему отцу*
- *Семь слов о жизни во Христе* – праведный Николай (Кавасила)
- *О молитве* – святитель Игнатий (Брянчанинов)
- *Об умной или внутренней молитве* – преподобный Паисий (Величковский)
- *В помощь кающимся* – святитель Игнатий (Брянчанинов)
- *Христианство по учению преподобного Макария Египетского* – преподобный Иустин (Попович), Челийский
- *Священное Предание: Источник Православной веры* – митрополит Каллист (Уэр)

www.orthodoxlogos.com

www.ingramcontent.com/pod-product-compliance
Lightning Source LLC
LaVergne TN
LVHW042005060526
838200LV00041B/1883